AF232183

VINGT JOURS

DE CAMPAGNE

(AOUT—SEPTEMBRE 1870)

PAR

UN VOLONTAIRE PARISIEN

PARIS

IMPRIMERIE ADMINISTRATIVE DE PAUL DUPONT

Rue Jean-Jacques-Rousseau, 41.

1872

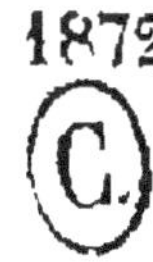

VIVE LA FRANCE.

Oui, France, on t'a vaincue, on t'a réduite même ;
Et comme il n'a pas eu pour preuve le succès,
A ton courage encore on jette l'anathème
Et les Français s'en vont rabaissant les Français.

Non, France, ne crois pas ceux qui te disent lâche,
Ceux qui voudraient nier ton âme et ses efforts,
Sans gloire et sans bonheur tes fils ont fait leur tâche,
Mais ils l'ont faite, et Dieu ne compte plus tes morts.

J'ai vu des régiments, aux jours de défaillance,
Se porter en avant et se dévouer seuls,
Pour qu'on pût dire au moins, en parlant de la France,
Que ses drapeaux étaient encor de fiers linceuls ;

Que nous savions encor mourir, sinon combattre.
Et puis, nous n'avons pas toujours été si bas :
Frœschwiller est l'assaut d'un homme contre quatre,
Et de ces assauts-là les Prussiens n'en font pas.

Oui, Français, c'est un sang vivace que le vôtre !
Les tombes de vos fils sont pleines de héros ;
Mais sur le sol sanglant où le vainqueur se vautre
Tous vos fils, ô Français, ne sont pas aux tombeaux !

Et la revanche doit venir, lente peut-être,
Mais en tout cas fatale, et terrible à coup sûr.
La haine est déjà née et la force va naître,
C'est au faucheur à voir quand le champ sera mûr.

P. Deroulède, *Chants du soldat.*

A CH. B.

Je t'adresse, vieux frère, comme nous disions en
ce temps là, un court récit de nos exploits ou plutôt
de nos souffrances. Ce n'est pas un tableau saisis-
sant et dramatisé que je t'envoie, c'est une photo-
graphie ; tu la reconnaîtras.

Ces quelques jours de campagne ont retrempé
nos âmes dans l'esprit de dévouement et de sacrifice. Ils ont doublé, s'il se peut, une amitié de vingt
ans : ce seul résultat me les rendrait chers. De plus
ils nous ont fait connaître la vie du soldat en campagne, ses misères, ses émotions, l'ardeur de la
lutte et ses péripéties, l'accablement de la défaite,
mais aussi les plaisirs du sacrifice mutuel.

Il est doux de se rappeler au port les tempêtes
passées et de rêver, dans le calme et la sécurité, à
des dangers nouveaux. Si jamais... mais une main
chérie se pose sur mon bras et m'arrête. D'autres,

plus heureux goûteront, je l'espère, ce bonheur qui nous a fait défaut : l'enivrement du succès. J'ai maintenant d'autres devoirs, et d'ailleurs les Allemands ont bien mis soixante ans à préparer leur revanche.

Plus tard, en caressant quelque tête blonde, nous reparlerons de notre amitié; nous raconterons à nos enfants les funestes événements auxquels nous avons été mêlés et qui ont rempli nos âmes d'amertume et de tristesses. Nous lèguerons à ces jeunes cœurs, auxquels nous voudrions enseigner l'amour, un héritage de haine et nous leur dirons : Vos pères ont combattu et ils ont succombé. Enfants, vengez vos pères !

Paris, 10 *juin* 1872.

VINGT JOURS

DE CAMPAGNE

Ami Lecteur,

Voici encore un personnage que tu ne connais pas, ou que tu connais peu, et dont tu te soucies médiocrement, qui vient, à peu près comme tout le monde, te raconter ce qu'il a fait pendant la guerre.

Si tu te décides à me lire, je souhaite que tu ne t'ennuies pas trop. Après m'avoir lu, tu pourras aisément tirer de mon récit la conséquence, trop facile, hélas ! à déduire, que la France a perdu les mâles vertus qui font les peuples forts et qu'il faut les lui rendre. Eh bien, lecteur, je ne te demande qu'une chose, une seule et bien simple. Prends la ferme résolution de travailler dans ta sphère, petite ou grande, et à commencer, non pas par ton voisin, mais par toi-même, à notre régénération morale. Si tu le fais, sérieusement, je m'estimerai heureux, j'aurai fait un peu de bien.

*
* *

Se faire tuer n'est pas mon état, tuer les autres pas davantage ; c'est assez vous dire que je ne suis pas soldat ; je suis même assez pacifique de ma nature. J'ai pourtant endossé l'habit militaire et mené la rude vie des camps pendant quelques jours qui ont eu, je suppose, exactement la même durée que tous les autres, mais qui m'ont paru terriblement longs.

Lorsque les effroyables désastres de Wissembourg, de Wœrth et de Forbach furent venus tirer la France de la torpeur où elle s'était endormie, se croyant prête, confiante dans ses succès passés et trop crédule à d'absurdes rodomontades, chacun vit ou dut voir que la patrie était en danger et que pour tout homme de cœur le moment était venu de faire son devoir.

C'est un dimanche que nous apprîmes la défaite de Forbach.

Je me souviendrai longtemps de ce dimanche-là. Le

temps était triste et maussade ; en plein été il faisait froid. De gros nuages noirs couraient rapidement dans le ciel et de fortes ondées tombaient par intervalles. J'étais à la campagne, à Bougival, avec quelques amis. Tout le monde connaît Bougival, au moins de nom ; c'est un gai village, resserré entre une petite montagne et la Seine ; sa rue principale forme qui, sur les collines boisées qui l'entourent s'élèvent de riantes villas encadrées de vergers, de jardins, de parcs ; de tous côtés la vue se repose sur un fond de verdure. En regardant Bougival on voit, à droite, se découpant dans l'azur du ciel, la majestueuse silhouette de l'aqueduc de Marly, à gauche la sombre forteresse du Mont-Valérien, comme si l'homme avait pris plaisir à mettre sur les points les plus élevés que l'œil puisse embrasser dans ce vaste horizon le sceau de son double génie, du génie bienfaisant qui conserve, féconde et crée, du génie farouche qui ruine et détruit.

Vers cinq heures, un de nos amis nous rejoignit ; il quittait Paris. C'était dans la journée qu'avaient été publiées la nouvelle du désastre de Forbach et la dépêche désespérée de l'Empereur prescrivant de mettre la capitale en état de défense. Quels sinistres présages dans ces quelques mots ! L'état de siége venait d'être proclamé pour Paris et trois départements ; la consternation et l'abattement s'étaient emparés de tous les esprits, surtout de ceux qui, quelques jours avant, criaient avec ardeur : A Berlin ! comptant que Berlin était trop éloigné pour qu'on pût les y envoyer.

Le dîner fut triste. Le Mont-Valérien que nous apercevions de la table venait sans cesse nous rappeler les idées de guerre dont notre esprit était déjà plein, et, malgré la jactance française dont nous étions imbus comme tout le monde à peu près, nous commencions à nous demander si, après tout, on n'avait pas bien fait de fortifier Paris. Le soir, en partant, nous fîmes nos adieux à notre hôtesse et nous lui dîmes en riant : Vous verrez peut-être, dans quelque temps, les Prussiens ici. Nous croyions plaisanter, nous ne pensions pas que cette prophétie dût se réaliser si tôt et avec tant d'exactitude. Deux mois après, un obus parti du Mont-Valérien traversait les murs de l'hôtel, pour en déloger un avant-poste prussien, et venait éclater dans la pièce où nous avions dîné le 7 août.

Nous trouvâmes Paris dans une agitation extraordinaire. Des détachements de cuirassiers parcouraient les boulevards et les rues principales. On commençait à se faire une idée plus nette de la terrible guerre qui venait de s'ouvrir sous de si funestes auspices. On s'irritait de ces défaites et on s'effrayait de l'avenir.

Dès ce moment mon parti fut pris. A Paris une légion se formait qui devait être composée presque exclusivement d'anciens militaires ; c'étaient les bataillons de francs-tireurs Lafon-Moquard. Sitôt formée elle devait aller, disait le programme énergique dans sa simplicité : « où serait l'ennemi. »

Huit jours après j'étais engagé.

Engagé ! que de sombres tristesses dans ce mot, quand la guerre, une guerre terrible à laquelle vous allez immédiatement prendre part, a lieu près de vous. Comme le cœur se déchire quand il faut tout abandonner, son avenir, son foyer, ses amis, sa famille ; quand la mère se jette en pleurant dans vos bras ; quand le père vous dit d'un air résolu : « C'est bien, mon fils », vous quitte brusquement et qu'on l'entend, un instant après, sangloter dans sa chambre ; quand on les voit, ces pauvres vieux qui n'ont que vous pour réjouir leur vieillesse, qui ont mis en vous toutes leurs espérances, tout leur amour, leur vie toute entière, quand on les entend pleurer, gémir et prier. Oui, il faut que l'amour de la patrie soit un sentiment bien ardent et bien fort pour que tous ces hommes s'arrachent au foyer domestique et aux saintes joies de la famille, et que, sans murmurer, joyeux même, ils s'en aillent à l'abattoir, bouchers ou victimes.

J'étais donc engagé, mais j'avoue que j'éprouvai un serrement de cœur quand je me vis seul au milieu de visages inconnus. On l'a dit et c'est vrai, c'est quelquefois au milieu de la foule que se trouve l'isolement le plus complet. Cette impression est affreuse. Voir les autres se parler et se tendre la main ; voir les amis se promettre aide et assistance et se sentir seul ; se dire que, dans quelques jours peut-être, on tombera sur un champ de bataille et qu'on ne rencontrera autour de soi que des visages indifférents, qu'il n'y aura pas auprès de vos lèvres une oreille amie à qui l'on puisse confier le dernier adieu pour ceux qu'on aime, la dernière recommandation, la dernière prière ! non, il n'est pas bon à l'homme d'être seul.

Sous l'empire de cette préoccupation, je me rendis chez un ami, un bon et noble cœur à qui je fis part de ma détermination et à qui j'expliquai les motifs qui l'avaient dictée : « C'est bien, me dit-il, mais il ne faut pas faire cela seul. Viens donc me voir demain. » **Le lendemain il était engagé.**

Pensez à votre meilleur ami et dites-moi ce que vous auriez éprouvé à ma place. Je n'avais jamais jusqu'alors apprécié, comme je l'ai fait depuis, les douceurs de l'amitié et les nombreuses qualités de mon compagnon d'armes. Nous avons enduré les mêmes fatigues et bravé les mêmes dangers, nous avons souffert ensemble, nous avons ensemble regardé la mort en face, nous avons toujours tout partagé. Le jour du combat, exténués, mourant de faim, nous avons religieusement partagé quelques petits morceaux de sucre qu'il avait gardés comme dernière ressource. Ce fut notre seule nourriture de la journée ; nous eussions fendu en deux un grain de blé. Heureux ceux qui ont un ami comme celui-là ; ils ne sont jamais seuls et, au jour du malheur ou du danger, ils sauraient où trouver des bras ouverts pour les recevoir, une âme aimante et ferme, un cœur loyal et énergique, prêt à tous les sacrifices, à tous les dévouements.

* *
*

On m'a demandé souvent pourquoi je ne m'étais pas plutôt engagé dans l'armée régulière que dans les francs-tireurs, dans les irréguliers. C'est que à cette époque l'invasion était certaine et que je voyais, dans la guerre de guérillas, faite avec intelligence, le meilleur moyen de résister. Nous devions, dans le principe, agir par bataillons de 500 hommes.

Un corps de 500 hommes, bien armés, bien équipés, composé, comme les bataillons Lafon-Moquard, d'anciens soldats et de quelques jeunes gens décidés à faire résolument leur devoir, me paraissait offrir de sérieux éléments de succès. Assez forts pour soutenir un combat d'avant-garde, nous aurions, si on nous avait laissés à notre destination primitive, lutté avec avantage contre les uhlans légendaires, à qui nous eussions, sans doute plus d'une fois, fait payer cher leur témérité. Mais il en fut disposé autrement.

Quand les premiers bataillons Lafon-Mocquard furent organisés, le maréchal Mac-Mahon essayait de se reformer à Châlons et un corps de 500 hommes expérimentés et résolus était un appoint qu'on ne dédaigna pas. On voulut bien nous admettre dans l'armée. Seulement, en signe d'honneur pour un corps entièrement composé de volontaires, nous nous trouvions toujours en avant, en arrière ou sur les flancs, à portée d'une surprise et condamnés à faire des marches énormes, car quand l'armée suivait une ligne droite, nous décrivions un demi-cercle autour d'elle.

Après des lenteurs qui nous parurent interminables, notre équipement fut enfin à peu près complet, et nous allâmes camper deux jours au bois de Boulogne. C'est là que j'eus l'honneur de monter ma première faction. Je fus préposé à la garde des cuisines, c'est-à-dire de petits trous creusés en terre dans lesquels on fait du feu et sur lesquels on pose des marmites en fer-blanc. Par malheur ce jour-là il faisait beaucoup de vent et j'étais précisément sous le vent des cuisines. J'eus donc pendant deux heures une épaisse et âcre fumée de bois vert en plein visage et les yeux me cuisaient quand ma faction cessa.

La nuit suivante, je fus encore de faction de deux heures à quatre heures et demie. Cette fois-ci plus de fumée, mais de la pluie, une pluie diluvienne qui transperça tout mon équipement. Au début j'étais très-fier de recevoir l'ondée sans parapluie. Il y avait là quelque chose d'héroïque fait pour séduire un bourgeois de Paris, mais quand je fus mouillé jusqu'aux os, je commençai à faire de sérieuses et tristes réflexions. Je voulais bien me battre, mais gagner des rhumatismes me paraissait vulgaire et désagréable. Je revins assez penaud me sécher à un feu de bivouac ; je devais en voir bien d'autres.

Les derniers préparatifs s'achèvent enfin. On distribue les cartouches. Nous levons le camp vers six heures et à sept heures nous partons, sans dîner, bien entendu ; on nous annonce qu'à la gare on nous distribuera des vivres. Notre marche, de Suresnes à la gare du Nord, fut une marche triomphale, une véritable ovation. Sur les boulevards, les voitures, les promeneurs s'arrêtent ; la foule s'amasse, bat des mains et nous acclame ; de tous côtés on voit les mouchoirs s'agiter. Nos plus proches voisins nous serrent les mains — « Quel est ce bataillon ? — Les francs-tireurs Lafon-Mocquard, tous des volontaires. — Bravo, c'est bien, c'est bien. » — Et vraiment nous avions bon air. L'attitude martiale de nos camarades, notre bonne tenue, et surtout notre titre de volontaires enthousiasmaient la foule. Hélas ! sur notre passage quelques cris de : *A Berlin !* se font encore entendre. Il s'agissait bien à ce moment d'une guerre de conquête. La patrie était envahie ; c'était pour défendre son sol sacré que nous nous levions. Qui donc pouvait encore crier *A Berlin?* Des niais ou des misérables.

Nous arrivons à la gare. Naturellement personne n'a pensé aux vivres ; on promet de nous en donner à la première station, nous partons satisfaits. En route nous ne trouvons rien et nous arrivons à Reims le lendemain à quatre heures du matin, à jeun. On nous conduit sur une promenade voisine de la gare, où un régiment de cavalerie avait campé la veille et on nous autorise à dresser nos tentes dans un endroit où les chevaux avaient séjourné. Fort heureusement quelques bottes de paille font disparaître ou plutôt dissimulent cet inconvénient. Nous parvenons enfin à manger un morceau et nous nous reposons, pendant deux ou trois heures de notre nuit de chemin de fer.

Ce jour-là même le bataillon fit une reconnaissance du côté du village de Verzenay, mais l'ennemi était encore loin. Tout se borna à une simple promenade sans grande émotion.

*
* *

Nous pûmes, dès le premier moment, juger du profond désarroi où était l'armée. Le service d'éclaireurs et d'estafettes était fait à Reims par la gendarmerie du pays. A la nouvelle qu'il y avait des dangers à courir et des services à rendre, ces braves vétérans avaient retrouvé l'activité et l'ardeur de la jeunesse ; on les voyait passer au triple galop de leurs lourds chevaux qui contrastaient avec les chevaux déjà amaigris de l'armée. Et ceux qui réfléchissaient se demandaient avec effroi qui resterait, au cas d'une nouvelle défaite, pour défendre le pays contre l'invasion, si l'on avait déjà recours à toutes les forces un peu organisées, quelque peu importantes qu'elles fussent, et si vingt gendarmes étaient considérés comme de précieux auxiliaires pour une armée de cent mille hommes.

La première nuit fut marquée par une alerte. Vers deux heures nous sommes réveillés par le cri : Aux armes, nous entendons un coup de feu, puis deux, trois, puis un nouvel appel aux armes. Chacun se lève en hâte, et tout en se demandant ce qu'il y a, on saute sur son fusil qu'on charge précipitamment. Cette opération faite par des hommes troublés et à moitié endormis ne laissa pas que de m'inspirer une certaine appréhension. Je vis des camarades charger imprudemment leurs armes en dirigeant le canon contre leurs voisins et je ne sais vraiment comment il n'y eut personne de tué. Nous attendons quelques minutes et le calme se rétablit. Après avoir été aux informations, nos chefs nous donnent en riant l'ordre de décharger les fusils et de nous recoucher paisiblement. L'histoire était simple. Un jeune mobile placé en sentinelle avancée à 5 ou 600 mètres de notre campement croit apercevoir un Prussien se glisser le long d'une haie. Ne distinguant pas très-bien, il crie Qui vive ? Le Prussien interpellé ne répond pas ; une seconde fois : Qui vive ou je tire ? Le Prussien ne répond pas davantage et notre moblot fait comme il l'avait dit. A son coup de feu les deux sentinelles voisines voyant un objet s'agiter dans l'ombre, et pensant que le premier n'avait tiré qu'à bon escient, visent le prétendu

Prussien, le manquent et se replient. Tout le camp se réveille et le chien, c'était un chien, se sauve et court encore.

Après avoir ri de la méprise des moblots, tout en pestant un peu contre eux, nous nous recouchons, c'est-à-dire que nous rentrons sous la tente et nous dormons jusqu'au jour.

Le lendemain l'ordre arriva de rejoindre à Réthel le corps du maréchal Mac-Mahon. Nous reprîmes le chemin de fer. Au moment de partir les officiers vinrent donner quelques instructions : la route n'était pas très-sûre ; les reconnaissances avaient signalé quelques détachements de uhlans dans les environs ; il fallait nous tenir sur nos gardes et au premier signal être prêts à descendre de wagon pour combattre. Pendant le trajet, on nous répète ces instructions. Tout à coup, au sortir d'un long tunnel, notre train reçoit un choc violent et s'arrête net. Immédiatement branle-bas général. Chacun se dégage comme il peut des bras de son vis-à-vis où la commotion l'avait jeté ; on saisit son fusil et l'on descend précipitamment. Je vois encore la figure calme et énergique d'un clairon de turcos qui roulait une cigarette à ce moment et qui, continuant tranquillement son opération, nous exhorta au calme et à la modération en nous prêchant merveilleusement d'exemple. On sort néanmoins à la hâte des wagons, on se déploie en tirailleurs et tout bien examiné, on s'aperçoit qu'il n'y a rien. Tout se borne à une vulgaire rencontre de trains. Une aiguille mal placée a dirigé le nôtre, lancé à toute vitesse, sur un convoi de vivres et de munitions destiné au camp de Mac-Mahon dont on aperçoit les feux briller dans le lointain. Chacun prend son sac et ses armes et

2*

l'on part à pied pour le camp en glosant sur l'accident dont tout le monde, à peu près, avait été plus ou moins victime. Rien heureusement n'était grave. Un bras démis, de nombreuses contusions, quelques bosses au front, quelques dents cassées, quelques genoux endoloris. Après mûr examen et maint commentaire on finit par se mettre d'accord en attribuant notre malheur à un émissaire prussien, qui aurait fait déraillé le train ; les Prussiens aimant mieux combattre par la ruse et de pareilles machinations que face à face à armes égales.

Nous traversâmes vers 10 heures la ville de Réthel où régnait un désordre inouï et, le lendemain, nous vîmes passer devant nous l'armée entière de Mac-Mahon. Le défilé fut long. Commencé à 3 heures du matin, il durait encore à 1 heure de l'après midi. Régiments de cavalerie, d'infanterie, mitrailleuses, canons, caissons, fourgons, tout passait devant nous et l'on n'en voyait pas la fin. Si quelqu'un alors nous eût prédit le désastre de Sedan, il eût joué le rôle de Cassandre. Certes, un œil exercé entrevoyait déjà la défaite, mais qui donc eût pu croire que ces beaux régiments, ce matériel immense, que tout, sans exception, serait, quelques jours après, entre les mains des Prussiens et que cette armée, prise tout entière d'un seul coup de filet, donnerait au monde le spectacle le plus incroyable et le plus douloureux ?

Nous fîmes ce jour là une marche de flanc qui ne nous ramena sur le corps de Mac-Mahon qu'à la tombée du jour. Ce fut là notre première marche un peu longue avec armes et bagages. Armes et bagages, c'est bientôt dit ; mais quelle somme de souffrances est contenue dans ces deux mots ! Le sac avec son contenu, le pain, la batterie de cuisine en fer-blanc, légère, mais volumineuse et embarrassante; la carabine Minié se chargeant par la culasse, bonne arme, mais très-lourde, le sabre-baïonnette, une cartouchière bien garnie, tout cela faisait un poids énorme. Quand le clairon sonnait le fatal *sac-au-dos* et qu'on allait se mettre en marche, je me demandais si je ferais vingt pas. Je suis toujours arrivé cependant, mais que de fois ai-je eu la tentation de jeter aux orties ce sac fatal!

Le troisième jour, nous éprouvâmes, pour la première fois, de la peine à nous ravitailler et je commençai à me rendre compte de la difficulté que présente l'approvisionnement d'une armée, même dans un pays riche qui offre, en temps ordinaire, de grandes ressources. Nous arrivâmes, l'après-midi, après une longue marche dans des chemins si détrempés par la pluie qu'on y enfonçait jusqu'à la cheville, à un petit village où le gros de l'armée venait de passer. Figurez vous un champ ravagé par une nuée de sauterelles : il ne restait rien, rien. Quelque prix que l'on offrît, on ne pouvait obtenir ni pain, ni vin, ni quoi que ce fût. Après avoir vainement frappé à maintes portes, nous entrâmes, mon ami et moi, dans une petite chaumière. La maîtresse du logis, une pauvre vieille paysanne, se croyant enfin débarrassée des visites importunes d'hôtes affamés, venait de mettre au feu une soupe aux pommes de terre. Elle n'avait encore rien mangé de la journée, et fit, en nous apercevant, un geste de désespoir. Son premier mouvement fut de vouloir nous renvoyer doucement. « Eh! mes pauvres enfants, je n'ai plus rien! » Au bout d'un instant, cependant, voyant nos mines hâves et fatiguées, elle nous fit asseoir, nous dit d'attendre, et quand la soupe fut chaude, nous en donna à chacun une pleine assiettée. Je n'ai jamais rien mangé de meilleur. Malgré

3

toutes nos instances, elle ne voulut rien accepter de nous. Je me rappellerai longtemps la bonne vieille du petit village de Semuy et la soupe aux pommes de terre. Dieu, qui ne laisse pas sans récompense un verre d'eau donné en son nom, tiendra compte à cette excellente femme de sa bonté pour nous. Si jamais, loin de leur pays, ses enfants ont à demander l'hospitalité, puissent-ils trouver partout un accueil semblable à celui que leur mère nous donna !

Le soir même de ce jour, nous éprouvâmes un traitement tout autre. Nous reçûmes l'ordre de camper sur un plateau élevé où se trouvait une ferme isolée. A notre arrivée, le fermier eut le triste courage de couper la corde de son puits de peur que nous ne lui prissions toute son eau. Cela nous obligea à descendre dans la vallée pour y puiser, à un ou deux kilomètres de là, dans un petit cours d'eau, ce qui nous était nécessaire. J'appris, quelque temps après, que le surlendemain de notre passage, les Prussiens avaient brûlé la ferme et maltraité le fermier. J'avoue que je n'en eus que peu de regret. Pour ma part, je l'aurais volontiers pendu avec ce qui restait de la corde de son puits. Il me semble que si j'étais chef et que de tels faits vinssent à ma connaissance, je me montrerais impitoyable.

Avant de rentrer sous la tente, nous allâmes à la tombé de la nuit faire une petite visite dans le 1er régiment de turcos campé près de nous. Un de mes amis s'était engagé dans ce brave régiment qui, le premier, supporta héroïquement l'effort de l'armée ennemie à Wissembourg, à Frœschwiller, et dont les derniers débris devaient bientôt disparaître à Sedan. Plusieurs de mes lecteurs connaissent le turco dont je parle. Il

porte un nom honoré dans l'Université, et il a fait preuve
pendant cette malheureuse guerre du patriotisme le plus
ardent et d'une bravoure à toute épreuve. Nous le de-
mandâmes ; il était de grand'garde dans un ravin au bas
du plateau que nous occupions, à quatre ou cinq cents
mètres en avant.

Nous descendîmes dans la direction qu'on nous avait
indiquée par une pente si rapide qu'il fallait s'accrocher
aux buissons pour ne pas tomber, et, en peu d'instants,
nous arrivâmes au bivouac. Le spectacle était fantastique.
Bien que le ciel fût brillant d'étoiles, la nuit était sombre.
Autour d'un feu de branches sèches que l'on ranimait
par instants en y lançant quelques brindilles, les officiers causaient. Plus loin, dans la pénombre, on voyait
se glisser et surgir à l'improviste à vos cotés, des turcos
silencieux comme des fantômes dont les yeux brillants et
les dents blanches se détachaient seuls de l'obscurité.
On nous accueillit avec joie, on nous fit du café à la
manière arabe, nous nous assîmes sur un fagot et nous
causâmes. Nous causâmes de Paris. Nous apportions des
nouvelles fraîches et l'on était bien désireux d'en avoir.
On passa en revue les amis communs et l'on eut la sa-
tisfaction de voir que beaucoup avaient fait leur devoir.
« Un tel ? » — « Il est engagé. » — « Et un tel ? » —
« Dans la mobile : il fait l'exercice toute la journée avec
un manche à balai. » Et de rire. Il fait si bon se retrouver et causer des absents. Mais la gaieté n'était qu'appa-
rente. Plus la conversation paraissait enjouée, plus on
sentait que chacun faisait effort sur lui-même pour pa-
raître ce qu'il n'était pas. Les officiers étaient troublés,
préoccupés, inquiets. L'indiscipline dans l'armée, l'irré-
solution générale des chefs, la présomption, l'incapacité
notoire de quelques-uns d'entre eux, leurs rivalités, la

démoralisation qui, pour le Français surtout, suit toujours une première défaite, le cataclysme politique qui se préparait et que chacun pressentait, étaient autant de graves sujets d'inquiétudes. Mais si nous eussions pu sonder l'avenir, de quelles angoisses eussent été déchirés ces nobles cœurs! De ces hommes avec qui nous avons causé ce soir-là, les uns se sont fait tuer à Sedan, les autres gardent, saignante encore et toujours ravivée, la blessure que leur ont faite nos désastres.

*
* *

Nous étions debout le lendemain de bonne heure. Le temps avait changé ; il pleuvait à verse. Réveillés à trois heures et demie nous reçûmes l'ordre de nous tenir prêts à partir au premier signal. Nous enlevâmes rapidement nos tentes et nous bouclâmes nos sacs, mais nous dûmes attendre de bien longues heures, l'arme au pied, sous une pluie torrentielle, l'ordre du départ qui ne vint qu'à quatre heures de l'après-midi. L'ennemi était près de nous. Ses reconnaissances se montraient de temps à autre. Vers trois heures nous crûmes la bataille sérieusement engagée. L'artillerie se mit à tonner et on nous fit descendre dans un petit ravin pour nous mettre à l'abri et dissimuler notre présence Nous étions jusqu'à mi-jambe dans de la terre glaise détrempée. Chaque pas coûtait un effort énorme. Si, à ce moment, on nous avait commandé un mouvement un peu vif, il nous eût été de toute impossibilité de l'exécuter. Au bout d'une heure cependant le feu de l'artillerie se ralentit et s'éteignit complétement. C'était partie remise. Nous nous dirigeons alors à travers bois, par des chemins horribles, vers le *Chesne-Populeux*, beau village qui se trouve auprès de l'un des principaux défilés de l'Argonne. J'y arrivai exténué. On nous fit camper dans un champ de betteraves. Pour la première fois de ma vie j'éprouvai le regret de ne pas aimer la betterave. J'aurais trouvé sous la main une nourriture saine et surtout abondante. Nous nous chargeons, mon ami et moi, de la corvée de la paille. A cet effet, nous parcourons le village et nous rapportons comme trophées deux bottes superbes. J'eus bien du mal à traîner la mienne jusqu'à la tente. En sa qualité d'homme de loi, mon ami s'aboucha avec l'huissier du pays, qui consentit à lui céder deux bonnes bouteilles de vieux vin. Pendant ce temps les camarades faisaient la popote. Un morceau de viande, un verre de vin, une bonne nuit, et le lendemain je me levai dispos.

Les vieux soldats qui étaient parmi nous supportaient naturellement la fatigue bien mieux que les conscrits. Une des principales raisons était que les recrues se composaient, pour la plupart, de jeunes gens habitués à une vie sédentaire et douce, tandis que nos camarades appartenaient en général à des classes moins aisées et paraissaient habitués à une vie de rudes labeurs. Mais il y a aussi une autre raison. Le vieux troupier sait le prix de tout. A chaque halte, quand il n'aurait que quelques minutes il fait un somme ; a-t-il un peu de temps devant lui, vite il allume du feu pour faire du café ou la soupe, et pour se chauffer s'il fait froid. Boire, manger, dormir, faire provision de force, les économiser, pour ainsi dire, voilà sa grande, sa constante préoccupation. Il sait qu'un jour peut venir où l'on aura des fatigues énormes à supporter, que les vivres peuvent manquer et que, quand on dépense tant de forces, il faut les réparer sans cesse pour tenir la machine en état. La fatigue de la marche, les corvées, le poids du sac, le froid de la nuit, les veilles, la nourriture souvent insuffisante, faisant parfois complétement défaut, voilà quelques-unes des souffrances obscures et sans gloire du soldat. Elles sont plus pénibles à supporter que les fatigues et les dangers d'un jour de bataille.

Nous fîmes ce jour-là, en trois pauses, une marche énorme, de cinq heures du matin à sept heures du soir, marche monotone, pénible. Le pays que nous traversions est magnifique, mais l'état de fatigue dans lequel nous commencions à nous trouver nous empêchait de prendre aucun plaisir à considérer ces beaux points de vue.

*
* *

Cependant le dénoûment s'avance. Nous nous rapprochons de l'ennemi ou, pour parler plus juste, l'ennemi se rapproche de nous. Nous marchons encore quelques jours sans aucun incident important. Le 30 août, à trois heures du matin, nous quittons Raucourt, où nous avons passé la nuit, et nous venons de très-bonne heure prendre position auprès de Remilly, sur les coteaux qui dominent la Meuse. A nos pieds le fleuve, plus loin d'immenses prairies, à droite et à gauche des collines boisées. Une batterie d'artillerie s'installe à nos côtés et l'on se met à construire deux ponts pour livrer passage à l'armée. Vers sept heures ils sont terminés et le défilé commence. Arrivés les premiers, nous devons traverser le fleuve les derniers, ramenés brusquement de l'avant-garde à l'extrême arrière-garde. Ce jour-là, nous nous reposons, je veux dire que nous restons en place. A peine a-t-on fait halte que je suis chargé de la corvée du bois. Je vais, à près d'un kilomètre, couper un fagot de bouleau et ramasser un peu de bois mort. A mon retour, je suis désigné, avec quelques camarades, pour la corvée du pain. Nous descendons à Remilly où étaient parvenues des voitures de l'intendance et nous nous chargeons chacun de cinq ou six pains de quatre livres. Ils étaient mauvais, moisis, et il fallait trier dans le tas ceux que l'on pouvait encore manger, mais enfin c'était du pain ; nous n'avions que du biscuit depuis six jours. Je rapporte mes pains et, comme je trouve que j'ai fourni mon contingent de corvées, je m'esquive pour en éviter de nouvelles et je profite du voisinage de la Meuse pour faire une toilette complète : c'est si bon quand on couche par terre et qu'on ne change jamais de vêtements ! Après le bain un repas excellent. Un homme de notre escouade avait acheté, en passant dans un village, une oie et un lapin ; on les confia à un vieux troupier, cuisinier habile, qui se chargea de les apprêter. Il y ajouta un reste de bœuf, énormément de sel, fit mijoter le tout, nous avions du temps, et nous servit un plat de sa façon que je vous recommande quand vous aurez passé six jours sans manger autre chose que du biscuit tout sec ou accompagné d'un morceau de viande à moitié crue, c'était exquis. Après avoir mangé, j'écrivis deux ou trois lettres, que je portai à la poste à Remilly ; elles sont arrivées un an après. Vers quatre heures nous sommes brusquement arrachés à notre court loisir ; on nous fait rapidement prendre les armes et on nous dispose en tirailleurs dans les champs qui bordent la route que suivait l'armée. Une sinistre nouvelle se répand parmi nous. Un corps d'armée, dit-on, vient d'être surpris et décimé par des Prussiens cachés dans les bois. Ce n'est que trop vrai. Le général de Failly s'est laissé surprendre à Monzon. Bientôt les débris de ce malheureux corps commencent à passer. Les soldats arrivent en désordre, pâles, abattus, maudissant leurs chefs, mourant de faim. La plupart jettent un œil d'envie sur les pains à moitié moisis ficelés à nos sacs, et quand, émus de pitié, nous leur en donnons un morceau, ils se le disputent comme des bêtes fauves.

Dans ce pêle-mêle nous voyons des soldats de diverses armes conservant chacun, dans la défaite même, cet esprit de corps qui devient une seconde nature. Ici c'est un zouave. Il a encore l'air fier et martial comme un lion acculé, le vrai zouave peut battre en retraite, il ne fuit jamais. La calotte en arrière, la veste et le gilet ouverts, la figure, le cou, les mains noirs de poudre, le chassepot en bandoulière, il marche lestement, malgré son énorme sac en pyramide qu surmonte un moulin à café. Là, c'est un cuirassier démonté, embarrassé dans ses grosses bottes ; il a jeté son casque et sa trop pesante cuirasse et s'avance péniblement. Voici venir une batterie, ou plutôt les restes d'une batterie. Les artilleurs, enveloppés dans leurs grands manteaux, paraissent abattus, mais résignés ; ils ont conscience d'avoir lutté autant que l'inégalité des armes le leur permettait. Un jeune soldat blessé et affaibli par le sang qu'il a perdu, dort à cheval sur un canon dans la position d'un cavalier novice qui, pour ne pas tomber, entourerait de ses deux bras le cou de sa monture. Il faut avoir bien besoin de sommeil pour dormir sur un semblable lit. Au milieu de tout cela, on voit de temps en temps briller le képi doré d'un officier supérieur essayant de remettre un peu d'ordre dans le défilé. C'est surtout la ligne qui a souffert. Nos pauvres fantassins viennent par petites bandes, sans sacs, sans képis, les uns se traînent en s'appuyant sur leurs fusils, les autres ont la tête entourée de linges sanglants, d'autres le bras en écharpe.

Tout d'un coup la panique augmente, on ne passe plus que sur l'un des ponts, l'autre a besoin de réparations et l'ennemi s'avance, la fusillade se rapproche, nous comptons y prendre bientôt notre part ; mais les efforts de l'arrière garde continrent l'ennemi, qui, fatigué lui-même, arrêta son mouvement vers la tombée du jour. Nous gardons cependant notre poste et nous surveillons le passage des troupes jusque vers minuit, puis nous traversons nous-mêmes les ponts qui avaient fléchi sous la masse énorme qu'ils avaient supportée et étaient recouverts de quelques centimètres d'eau. Quelle nuit ! Jusqu'à trois heures et demie du matin, nous sommes restés l'arme au bras, piétinant sur place, avançant de quelques pas, puis nous arrêtant pour laisser passer les malheureux retardataires, blessés pour la plupart, tous hâves, silencieux, exténués, le désespoir sur le visage et dans le cœur. Un brouillard épais couvrait la prairie que nous traversions et nous pénétrait ; nous mourions de faim, de fatigue et de froid. Jamais, si longtemps que je vive, je n'oublierai les souffrances de cette épouvantable nuit.

Enfin nous nous arrêtons. Je m'enveloppe dans ma toile de tente où j'avais, toute la nuit, porté de la viande crue et qui était encore toute dégouttante de sang ; je me jette à terre et je m'assoupis un instant, la tête sur mon sac. A quatre heures et demie, après un repos d'une heure passée, auprès du village de Douzy, dans un labouré dont les sillons étaient de vrais ruisseaux, nous reprîmes les armes. Dans la belle et large route qui conduit à Sedan se pressait une véritable trombe. Sur quatre rangs passaient pêle-mêle, tantôt au pas, tantôt au galop, fourgons, canons, caissons, mitrailleuses, prolonges, voitures de toute sorte, et à chaque véhicule s'accrochait une grappe d'hommes à bout de forces. Et ce torrent allait s'engouffrer dans le fatal entonnoir de Sedan. Le découragement, la consternation paraissaient sur tous les visages. C'était bien une panique. Rien qu'à voir ce spectacle navrant on avait la certitude absolue de la défaite, et bien qu'il y eût une certaine apparence d'ordre, l'abattement était partout. Des bruits alarmants, vrais, exagérés ou faux, circulaient parmi les soldats. Ils disaient l'habileté des généraux ennemis et l'incapacité des nôtres, le nombre effrayant des Allemands, leurs ruses, leur manière lâche mais sûre de combattre, profitant, pour se cacher, de tous les obstacles, bois, fossés, haies, murs, etc.; ils parlaient avec effroi de l'artillerie prussienne, du nombre des pièces, de leur puissance, de leur portée, des terribles effets de leurs projectiles. On voyait des espions partout ; tous nos chefs étaient vendus ; on avait trouvé des Russes parmi les Prussiens, nous avions donc contre nous les deux plus grandes nations du continent. Que sais-je, bien d'autres choses encore. Le soldat français est ainsi fait. Stimulé par un succès, il s'excite et se grise. Une fois démoralisé, tout est perdu.

⁎
⁎ ⁎

Il fallait cependant à tout prix surveiller les abords de la route pour empêcher les Prussiens de surprendre l'armée dans cet effroyable désordre. Nous partons avec un bataillon de chasseurs de Vincennes et deux de zouaves, et, guidés par un capitaine d'état-major, nous entrons sous bois à droite de la route. Nous battons un peu la forêt ; elle ne renfermait rien de suspect. Au bout d'une bonne heure, nous débouchons du bois et nous arrivons sur un plateau très-élevé d'où nous découvrons un magnifique spectacle. Devant nous, à un kilomètre à peu près, des batteries françaises établies sur les collines qui dominent la Meuse ; dans la vallée le fleuve majestueux et calme ; de l'autre côté, sur les coteaux qui nous font face, des batteries prussiennes qui ont engagé un duel avec les nôtres. Nous suivons avec un intérêt extrême les phases du combat, dont l'éloignement ne nous permet du reste de juger qu'assez mal. Tout d'un coup, en face de nous, à côté des batteries prussiennes, un régiment de cavalerie prussien, jusque-là dissimulé par un bois, se démasque et part au galop pour descendre à la Meuse. Nos artilleurs l'aperçoivent, pointent rapidement et tirent : le régiment se débande et recule. Quelques petits points noirs, à peine visibles à la distance où nous sommes, restent sur le terrain ; à la lorgnette on distingue les hommes et les chevaux atteints par nos boulets.

Après avoir pendant un instant considéré ce triste et émouvant spectacle, nous reprenons notre course et nous arrivons près de Sedan, sur le plateau d'Illy, position magnifique et d'une telle importance que les Prussiens, le lendemain, pensant que les Français s'y étaient fortifiés et s'y défendraient à outrance, hésitaient à l'attaquer. On la leur laissa prendre presque sans coup férir. Pendant la halte que nous fîmes sur ce plateau, je descendis avec mon ami à l'entrée de Sedan, au faubourg de Balan et nous retrouvâmes, dans une humble maison de ce faubourg, au n° 199, la bonne hospitalité de notre vieille femme de Semuy. Nous mangeâmes là une bonne soupe, du pain et du fromage, et nous reposâmes environ une heure sur un lit qu'on mit à notre disposition. Nous avons conservé tous les deux le meilleur et le plus affectueux souvenir de la famille qui nous accueillit.

Après cette halte, nous remontons au plateau d'Illy; le bataillon venait de le quitter; on nous indique la direction qu'il a prise et nous le rejoignons à La Chapelle où il devait passer la nuit.

*
* *

La Chapelle est un tout petit village situé à deux lieues de la frontière, sur la route qui conduit de Sedan en Belgique. En avant de La Chapelle, le pays est accidenté, coupé de haies, de petits bois et de ravins; à l'entrée du village s'élève une jolie église toute neuve, au clocher élancé et coquet; derrière, touchant presque aux dernières maisons, commence une vaste forêt qui couronne les Ardennes et s'étend jusqu'en Belgique.

Nous sommes là en vedette, loin du gros de l'armée, seuls. On nous avait promis, si nous venions à être attaqués, un bataillon de zouaves et un de chasseurs de Vincennes pour renfort.

Le matin, vers quatre heures, des reconnaissances faites par quelques-uns d'entre nous et dont bien peu revinrent, signalèrent l'ennemi auprès de nous de différents côtés.

On fait en hâte demander le renfort promis, mais il ne vient pas.

On répond simplement à l'envoyé : « Les francs-tireurs sont à La Chapelle, qu'ils y restent. »

Nous avons compris, nous devons, quel que soit l'ennemi qui se présente, accepter la lutte et la prolonger le plus longtemps possible. Nous sommes un peu plus de trois cents : trois compagnies entières et quelques soldats de divers corps, turcos, zouaves, chasseurs de Vincennes qui, perdus dans la cohue de la veille et ne pouvant, dans l'immense désordre qui régnait, retrouver leurs régiments, se sont rattachés au premier corps organisé qu'ils ont rencontré ; deux de nos compagnies, emportées par le torrent, étaient allées, la veille, se jeter dans Sedan. Elles firent bravement leur devoir ; plusieurs des nôtres y sont morts.

Mon ami et moi nous étions descendus vers quatre heures et demie, transis de froid, d'une grange où nous avions passé une nuit sans sommeil. Déjà l'action était engagée autour de Sedan. On entendait à peu de distance, et augmentant d'intensité à mesure que le jour avançait, les bruits sinistres des batailles ; le canon grondait, la mitrailleuse et la fusillade crépitaient avec rage. Tout nous annonçait que le destin de la France se jouait en ce moment et, malgré tous nos pressentiments funestes, la confiance était si vivace en nous que nous voulions encore croire à un succès.

Les paysans, dans le grenier desquels nous avons passé la nuit, prennent peur en entendant cet effroyable vacarme et se décident à fuir. Ils commencent à la hâte leur déménagement. On attèle le chariot à foin sur lequel on entasse pêle-mêle quelques-uns des meubles de la pauvre demeure. On prend les deux cochons par la tête et par la queue et, malgré leurs cris, on les jette, l'un après l'autre, sur la voiture, on attache la vache à l'arrière ; puis, cela fait, on vient chercher la vieille mère pour l'emmener. Elle était à demi-morte. Assise ou plutôt affaissée sur elle-même, au coin de la vaste cheminée, elle récitait en tremblant toutes les prières qu'elle connaissait, et se cachait la tête dans son tablier. Au moment de partir cependant, elle sortit un peu de stupeur et s'aperçut qu'on n'avait pas chargé sur la voiture deux vieilles chaises au dossier large et haut qu'elle avait dans sa chaumière depuis son mariage. Les larmes aux yeux, elle supplia son fils de les emporter. Elle tenait à ces vieux meubles, témoins de sa vie entière, de ses douleurs et de ses joies ; elle s'y était assise pour allaiter ses enfants et bercer ses petits-fils ; elle s'y était assise le jour où mourut son mari.

Mais elle supplia vainement ; il fallait partir et sans retard ; le danger approchait, on l'entraîne, on la place sur la voiture, nous lui disons adieu et le chariot prend lentement la route de Belgique. En voyant ces malheureux s'éloigner et suivre le chemin de l'exil, les admirables vers d'Hermann et Dorothée, où Gœthe dépeint, chargé de si sombres couleurs, un tableau pareil, me revinrent en mémoire. Je me rappelais la magnifique description du poète dont je pouvais, hélas!

vérifier l'exactitude ; je me rappelais les paroles qui commencent cet émouvant récit. « Après tout ce dont j'ai été témoin aujourd'hui, la joie n'entrera pas de sitôt dans mon cœur. » Je me rappelais aussi les vers patriotiques qui finissent cet ouvrage et qui ont contribué à jeter dans l'esprit des Allemands cette haine du nom français dont nous avons, après soixante ans, pu voir les terribles effets. Nous aussi, je l'espère, nous saurons haïr.

*
* *

A peine la voiture a-t-elle disparu au tournant de la route, que nous voyons revenir un de nos camarades, un caporal aux traits accentués, à la figure énergique. Il avait eu, dans une reconnaissance, la poitrine traversée de part en part par une balle. Le sang ruisselait sur sa poitrine et sur son dos. Malgré cette terrible blessure, il marchait ferme et droit, légèrement appuyé sur l'épaule de deux camarades. En passant près de mon ami et de moi. « Attention, nous dit-il, les voilà. » Je fus frappé de son énergie. Allons, pensai-je, tout n'est pas perdu. Il y a encore en France des hommes qui savent mourir debout.

Pour que la cavalerie ennemie ne puisse venir nous sabrer à l'improviste pendant que nous serons occupés avec l'infanterie, on traîne rapidement à chacune des extrémités du village une grande charrette remplie de fagots que l'on met en travers de la route et qui barre le passage ; puis, cela fait, nous descendons auprès de l'église, du côté par où les Prussiens arrivent.

A peine sommes-nous installés, non pas protégés, mais un peu dissimulés par une petite haie et quelques fagots, que l'ennemi commence son mouvement devant nous. Un régiment d'infan erie, puis un de cavalerie apparaissent : c'ét it le corps de la garde prussienne qui se rapprochait de Sedan. Ils se déploient tranquillement à 5 ou 600 mètres de nous. Ils s'avançaient entre notre armée et nous avec un tel calme que, ne soupçonnant pas que l'armée française pût laisser, sans résistance, occuper ces positions, nous voulions absolument nous persuader que nous avions devant nous des forces françaises. Au bout d'un instant, cependant, une batterie vint prendre position dans un bouquet de bois. Son feu se dirige vers Sedan. Cela commence à nous troubler. « Ce sont les Allemands. Non,.. si,... » — « Ce sont nos batteries. Mais non..., mais si... » Nous perdons dans l'indécision un long moment qui aurait pu nous être bien profitable. A ma gauche, se trouve un turco qui enrage. Il avait été à Wissembourg et à Wœrth. « Ce sont les Allemands, crie-t-il, jamais les Français ne se cachent dans les bois comme les chacals. » Entre le turco et moi, pâle, silencieux, serrant de ses mains crispées un chassepot admirablement fourbi, un chasseur de Vincennes dévore les régiments des yeux pour tâcher de résoudre le problème et grommelle par intervalles : « Si ce sont des Prussiens pourtant, comme on les démolirait ! — C'est la bonne portée pour le chassepot. — A coup sûr, quoi ! — Est-il possible d'être commandé comme ça ! »

Il y avait du vrai dans le reproche. Le commandant,

brave comme un lion, était à cheval à côté de nous.
Il se creusait la tête et se mettait l'esprit à la torture
pour découvrir quelles troupes il avait en face de lui.
Par malheur, ni lui ni ses officiers n'avaient de lorgnettes.
Mon ami avait emporté une excellente lunette d'approche. Un jour notre capitaine la lui avait empruntée,
l'avait gaiement passée en sautoir et la lui avait rendue
le soir cassée, hors d'usage. Un autre de nos camarades,
jeune peintre de mérite et de cœur, en avait une, mais
il était entré à Sedan, où il se fit tuer aux remparts.
C'étaient les seules que j'aie vues dans le bataillon.

Les Allemands nous ont aperçus depuis longtemps,
mais méprisant notre petit nombre, ils ne se donnent
pas la peine de s'occuper de nous. Au moment cependant
d'accentuer leur marche en avant, ils veulent savoir au juste à quoi s'en tenir sur notre compte, et un
peloton de cuirassiers s'avance au petit pas pour nous
reconnaître et s'informer si nous étions disposés à nous
rendre. Ils sont à deux cents mètres et nos discussions
continuent toujours.

Le turco se démène et crie de plus en plus fort : « Ce
sont des cuirassiers blancs, je les ai vus à Reichshoffen. »
— « Silence! disait le commandant, ne tirez pas, ne
vous exposez pas à tirer sur vos frères. » Fatigué de
cette incertitude, un des nôtres se lève, met la crosse
de son fusil en l'air et s'avance vers le peloton. De très-
loin on lui tire un coup de pistolet et il revient. Nous
n'étions pas plus avancés.

Alors, un capitaine fait cinquante pas en avant, et,
d'une voix ferme et nette : « Êtes-vous Allemands ou
Français? » Nous entendons distinctement la réponse :

« Deutsch. » Et nous la saluons par une décharge générale. Le gant était jeté. Trois compagnies venaient de défier au combat une division entière, appuyée par une artillerie formidable. Les Prussiens acceptèrent. Les cuirassiers tournent bride, enlèvent leurs chevaux et courent prévenir la batterie ennemie. Celle-ci se détourne, se met en position de manière à pouvoir enfiler la rue du village et commence à l'inonder de boîtes à mitraille, tandis que les obus pleuvent sur l'église et les maisons.

J'ai là une excellente occasion d'admirer la précision du tir prussien. Le premier obus tombe sur la route, au pied d'un arbre, à vingt mètres environ en avant du village, le deuxième juste dans la première maison. Presque toutes les habitations sont visitées les unes après les autres, et ravagées par ces hôtes incommodes. L'un d'eux vient s'enfoncer à trois pas de moi dans un trou à fumier ; fort heureusement, la résistance qu'il rencontre n'est pas suffisante ; il pénètre profondément et n'éclate pas. « C'est de la chance, dit un camarade qui se penche pour regarder le trou, deux pouces de plus et nous y étions. » En effet, le projectile était tombé à quelques centimètres seulement du petit mur qui entourait la fosse.

Je jette en ce moment un rapide regard autour de moi. Tous ces vieux troupiers sont superbes, la fièvre du combat les a saisis. Calmes en apparence, mais pleins en réalité d'une activité fébrile, l'œil enflammé, les narines largement ouvertes, les lèvres serrées, ils chargent, épaulent, tirent, sans perdre une seconde, et n'ouvrent la bouche que pour lancer quelque brocard soldatesque qui n'est pas sans doute d'un goût très-délicat, mais qui, sans les détourner de leur affaire, entretient leur gaieté et leur courage.

Un peu en avant de nous, je vois deux petites chèvres blanches attachées au même piquet: le mouvement insolite qui se faisait autour d'elles et le bruit lointain du canon les avaient bien un peu effarouchées, mais au moment où la lutte s'est engagée près d'elles, elles ont été prises d'une terreur folle dont rien ne peut donner une idée et je les vois se livrer à des gambades et à des bonds prodigieux pour briser leurs liens, sans pouvoir y parvenir. Je ne vous dirai pas ce qu'elles sont devenues, nous avions d'autres préoccupations et mon attention ne s'arrêta pas longtemps sur les pauvres bêtes ni sur mes voisins. Un coup-d'œil m'avait suffi pour voir tout cela et je revins bien vite aux Prussiens.

La situation devenait grave. Secondée par l'artillerie, l'infanterie prussienne s'ébranle et se rapproche de nous. Je dois avouer que j'ai éprouvé en ce moment un profond sentiment d'admiration pour la discipline prussienne. Sous un feu meurtrier, le régiment s'avance lentement, régulièrement, comme à la parade, tirant au commandement, serrant les rangs avec précision quand nos balles y font des vides.

A 150 mètres du village le régiment s'arrête. Les deux premiers rangs se jettent ventre à terre. Ils tiraient à volonté, lentement, presque à coup sûr, visant toujours avec soin. Le reste du régiment se contente de faire un feu extrêmement vif sans tenter d'approcher, ils n'épaulaient pas et tiraient trop haut heureusement. Nous ne comprenions pas leur inaction. Dans une position semblable des Français se seraient rués, baïonnette en avant, sur le village ; les Allemands attendaient, calmes, impassibles, immobiles, et cependant notre feu plongeant et assuré les décimait avec une régularité effrayante.

Nous avons bientôt la clef de l'énigme. Un second régiment, masqué par un petit bois, s'avançait sur notre extrême gauche, opérant un mouvement pour nous tourner et nous mettre dans un sac. Nous étions déjà pris de trois côtés dans une sorte de fer à cheval ; si le mouvement réussissait, nous étions perdus. Je sentis, je dois l'avouer, un frisson me passer dans le dos. Les Prussiens, à ce moment, ne reconnaissaient pas les francs-tireurs comme soldats ; autant de pris, autant de fusillés. La mort dans le combat, très-bien ; j'étais fait à cette idée, elle ne m'effrayait pas, mais être tué après le combat, tué de sang-froid comme un criminel qu'on exécute, sans vengeance, sans lutte !

Si grande cependant est encore la confiance d'un certain nombre d'entre nous qu'en apercevant ce régiment le doute s'élève dans quelques cœurs. On s'écrie autour de moi : « Des chasseurs de Vincennes ; il faut nous faire reconnaître. » C'était facile à dire, mais à faire ! Nous n'avions pas de drapeau. Le soldat français heureusement ne s'embarrasse pas pour si peu et, dans cette circonstance, les plus grands *débrouillards* du monde ne faillirent pas à leur réputation. En moins de temps qu'il n'en faut pour le dire, sous un feu d'enfer, au milieu de plaisanteries incessantes, on improvise ce drapeau qui doit mettre immédiatement un terme à une erreur fatale et faire cesser en même temps les effroyables décharges de boîte à balles que nous envoie l'artillerie et le feu d'infanterie qui nous décime. Une ceinture, un mouchoir, une cravate bleue font l'affaire. En un tour de main, avec la lucidité d'esprit et le sang-froid que le vieux soldat conserve sous le feu, on les attache ensemble au bout d'une gaule. Nous avons un drapeau. Un brave saisit le palladium, grimpe dans la plus haute maison du village, mairie et école à la fois, où était installée notre ambulance et se met à agiter de toutes ses forces le drapeau improvisé.

Vous dire l'effroyable grêle de projectiles qui nous arriva à ce moment serait chose impossible. Les Prussiens avaient pris notre démonstration pour une bravade, pour un acte insensé de dé-espoir et d'audace. Les couleurs nationales déployées par une poignée d'hommes réduits déjà de moitié en face d'une division entière leur semblent une sanglante insulte. Ils attendaient le drapeau parlementaire ; exaspérés par le drapeau tricolore, comme le taureau par les bandelettes rouges, ils reprennent ou plutôt continuent leur feu avec une fureur et une intensité inouïes.

Cependant le régiment qui voulait nous tourner continue son mouvement. Le commandant ne l'a pas quitté un instant du regard ; il comprend que le moment de cesser la lutte est arrivé ; il ne doit pas livrer à une mort certaine des hommes qui, s'il le jugeait nécessaire, se feraient tous sans exception hacher sur place. Il fait sonner la retraite.

L'instant d'après nous sommes autour de lui.

Un danger nous attend encore. Il faut franchir l'espace qui sépare le village de la forêt. C'était un champ large seulement de 100 à 150 mètres, mais à découvert et en plein sous le feu prussien. Nous reprenons haleine un instant, puis, courbés en deux, le fusil à la main, nous nous élançons au pas de course. Les balles sifflent à nos côtés ; l'une d'elle atteint auprès de moi un jeune Polonais et lui traverse la bouche. Il fait entendre un cri étouffé et chancèle. « On ne peut pas laisser le camarade là, » s'écrie un vieux zouave, et il le prend par un bras ; un autre le saisit d'un autre côté ; ils le soutiennent et l'entraînent un instant, mais il s'alourdissait, un caillot de sang noir se formait sur ses lèvres ; au bout de vingt pas il tombe. « C'est un homme mort, dit le zouave, filons, » et nous reprenons notre course. Nous atteignons heureusement la lisière de la forêt et nous nous dissimulons derrière des troncs d'arbre et quelques arbustes, attendant ceux des camarades qui, barricadés dans les maisons, les disputaient encore une à une à l'ennemi et dont quelques-uns parvenaient à s'échapper par les jardins et à nous rejoindre.

Enfin le bruit de la fusillade s'éteignit, les Prussiens étaient maîtres du village. Aucun des nôtres n'arrivant plus, nous nous comptâmes : nous étions 87. Ce fut alors pour la première fois que j'eus peur en regardant autour de moi et en voyant combien il en manquait à l'appel ; heureusement mon ami était là ; nous nous embrassons en songeant aux vieux parents et en bénissant Dieu. Deux ou trois camarades auxquels je montre mon képi traversé par une balle me serrent la main.

Cependant il est temps de partir. Les chefs tiennent conseil. Ignorant la tournure que prenait à cette heure la fatale bataille de Sedan, ils désiraient regagner Mézières et rejoindre l'armée qui devait, pensaient-ils, opérer un mouvement de retraite sur cette ville. Un paysan de La Chapelle leur propose de nous y conduire par les bois. Son offre est acceptée. Il était environ neuf heures du matin ; le temps était superbe, le soleil radieux. Nous nous mettons en marche. Nous suivons de petits sentiers, à peine frayés, parfois même nous entrons sous bois dans les futaies de cette magnifique forêt. Nous marchions en file indienne, le fusil chargé sur l'épaule, silencieux, le cœur serré, l'âme émue, écoutant avec tristesse l'effroyable concert que faisaient sur notre gauche le grondement sourd du canon, le grincement sinistre et saccadé de la mitrailleuse et le pétillement des feux d'infanterie. Au bout d'une heure, nous arrivons sur la lisière de la forêt, près d'une batterie que nous entendions tonner avec rage et que nous croyions française. Les Français, nous le savions, étaient là le matin. Cependant, par excès de prudence, au moment de déboucher du bois deux hommes sont envoyés pour reconnaître. Ils reviennent en courant. La batterie était prussienne et des forces ennemies considérables étaient là à deux pas de nous. Nous rentrons sous bois pour faire un nouveau détour. Au bout d'un instant nous nous engageons dans une ravissante vallée pleine de fraîcheur, d'ombre et de paix. Au fond un joli ruisseau coulait sur un lit de cailloux que les arbres de la forêt recouvraient d'un berceau de verdure ; quelques rochers, arrêtant son cours, lui faisaient, de temps en temps, faire de charmantes petites cascades. La délicieuse vallée ! Je me rappelai mes voyages en Suisse. Étrange rapprochement ! J'y étais en 1866 et ce fut dans la riaute et belle vallée de l'Aar que j'appris Sadowa.

*
* *

En remontant le cours du ruisseau, nous rencontrons des soldats atteints par le feu qui viennent y laver leurs blessures et y étancher leur soif ; l'un d'eux a la jambe traversée par une balle, l'autre (c'est un artilleur) le haut de la cuisse enlevé par un éclat d'obus. Un peu plus loin nous apercevons un paysan. Nous l'appelons, et, sur nos vives instances, sur l'assurance maintes fois répétée qu'il n'y a pas de danger. il se décide à aller chercher ces malheureux dans sa charrette bien garnie de paille et à les transporter en Belgique. C'est tout ce que nous pouvions faire pour eux.

Notre médecin et notre ambulance étaient restés à La Chapelle, où les Prussiens, entre parenthèses, ne permirent pas que l'on s'occupât de nos blessés avant que le pansement de tous les Allemands, frappés par nos balles, eût été entièrement achevé. Cette opération dura près de trois heures et demie et fut faite en grande partie par notre médecin et nos ambulances, et avec nos médicaments, tandis qu'à deux pas des Français mouraient faute de soins. Il est vrai que ces Français étaient des francs-tireurs et que les Allemands, s'il faut les en croire et d'après leurs principes sur la manière de faire la guerre, eussent été en conscience obligés de les achever, bien loin de les laisser mourir des suites de leurs blessures, tout franc-tireur devant être abattu sans jugement. Il faudrait être de bien mauvaise foi pour ne pas avouer qu'en somme les Allemands se sont montrés, dans cette circonstance, bien compatissants et bien humains en ne fusillant que ceux d'entre nous qu'ils avaient pris les armes à la main, sans blessures, et en permettant, quatre heures après le combat, que l'on pansât les autres. Soyons justes et surtout reconnaissants.

Près de la frontière nous rencontrons quelques paysans. Mon ami déchire une feuille de son carnet, met dans une enveloppe les mots suivants écrits au crayon : « A. et moi sommes saufs. 1er septembre, au soir, » et il donne le tout à l'un de ces paysans pour le porter à la poste en Belgique. Pour être courtes, ces lettres-là n'en font pas moins plaisir ; mais il est parfois dangereux de les antidater comme nous le fîmes ; on le verra dans le cours de ce récit.

Après avoir longtemps marché, nous rejoignons enfin la route que nous voulions suivre pour gagner Mézières ; elle était coupée. Une ambulance française que nous rencontrons nous avertit que l'ennemi est à deux cents mètres de nous et que des patrouilles de uhlans et de cuirassiers allemands parcourent toutes les avenues de la forêt en faisant prisonniers ou en sabrant les soldats isolés ou peu nombreux qu'ils rencontrent. Nous rentrons de nouveau dans les taillis, et, jusqu'à ce que le jour tombe, c'est-à-dire jusqu'à 9 heures du soir, sans manger, sans boire, le corps brisé et l'âme remplie de pensées désolantes, nous restons sur le territoire français. De temps en temps, quelques fuyards nous rejoignent. Ils nous donnent de vagues renseignements qui font pressentir un immense désastre. Enfin, le soir, tombant de fatigue et d'inanition, nous entrons en Belgique et nous déposons nos munitions et nos armes entre les mains du bourgmestre du petit village de Corbion.

Nous sommes reçus avec des témoignages de sympathie profonde. On nous distribue du pain et du fromage et on nous conduit dans l'école, où nous nous disposons à passer la nuit les uns sur les autres. A 11 heures on nous réveille. Les Prussiens ont fait dire qu'ils voulaient bien ne pas nous réclamer, mais qu'ils voyaient un danger dans la présence, si rapprochée des frontières, d'un aussi grand nombre de soldats français ; si le lendemain, au point du jour, nous sommes encore à Corbion, ils brûleront le village. La menace était un peu forte ; il est à croire qu'ils ne l'auraient pas mise à exécution, mais pour ne causer aucun désagrément aux braves paysans qui nous avaient si bien accueillis, nous nous remettons en marche, et, sous la conduite de deux soldats belges, nous partons pour Bouillon, petite ville où se trouve un antique château-fort ayant appartenu à la célèbre famille de ce nom. Le temps était doux, la nuit noire, de gros nuages gris couraient dans le ciel. Nous avions trois grandes lieues à faire par d'horribles sentiers de montagnes, taillés parfois dans le roc et semés presque partout de pierres qui roulaient et blessaient nos pieds endoloris. Nous traversions par moments un bout de prairie. C'était plaisir alors de marcher sur le gazon. Mon pauvre ami avait la peau du pied droit enlevée par la marche : tout le talon était à vif ; chaque pas lui causait une cuisante souffrance. J'étais en ce moment le plus vaillant des deux, je le soutenais de mon mieux, et j'essayais de le distraire, mais lui faire oublier son mal n'était pas chose facile.

Enfin, au tournant d'une montagne, nous voyons brusquement se découper sur le ciel la silhouette de la sombre forteresse où nous allions être enfermés. Nous arrivons à Bouillon. Le bourgmestre, prévenu, se lève en hâte, nous fait donner à chacun un petit verre d'une eau-de-vie de marc dont je ne pus avaler une gorgée. Mon voisin ne se fait nullement prier pour prendre ma part, puis nous nous rendons au château.

Nous passons le pont-levis, toujours abaissé et même, si je ne me trompe, actuellement converti en pont fixe ; mais nous trouvons la poterne fermée. Le bourgmestre soulève le lourd marteau et fait retentir la porte bardée de fer. On n'ouvre pas. Le gardien, couché dans un petit bâtiment éloigné, n'a pas entendu. Il frappe de nouveau. Les soldats belges heurtent aussi avec la crosse de leurs fusils, même silence. Alors le bourgmestre envoie à l'hôtel de ville chercher les grosses clefs ; elles sont rouillées ; depuis 1853 on ne s'en était pas servi ; on n'entre jamais qu'en compagnie du gardien. De guerre lasse on va chercher un serrurier. Pendant ce temps-là, trois bons quarts d'heure au moins, assis sur le parapet du pont des fossés, nous pensions à ceux que nous avions perdus, à nos parents, à nos amis, aux malheurs de la patrie. Certes nous n'avions jamais rêvé d'aller à Berlin, mais nous avions pensé du moins que notre sacrifice serait utile, et nous nous trouvions désarmés, vaincus, épuisés, à la porte d'une prison, et cela au soir d'un immense désastre.

Le serrurier arrive. On réussit à ouvrir la porte ; on réveille le gardien, et, à trois heures et demie, nous étendons nos membres fatigués sur le plancher poudreux et couvert de toiles d'araignées de quelques vieilles salles.

Malgré ma fatigue, je ne puis dormir. Le lendemain, j'écris quelques mots à mes parents pour les rassurer. Des dames de la ville obtiennent l'autorisation d'entrer dans le château où nous étions renfermés. Elles nous donnent du papier et des plumes, écrivent pour ceux d'entre nous qui ne savaient pas le faire et montrent une bonté, un dévouement rares. C'est à peine si je pus donner de mes nouvelles à ma famille. J'étais dans un tel état de prostration par suite de toutes ces fatigues, du défaut de nourriture et de la privation de sommeil, que je passai quarante-huit heures dans un état de torpeur et d'hébétement. Le sommeil me revint heureusement et, la nourriture aidant, je me remis.

Pendant notre séjour à Bouillon, nous fûmes rejoints par des soldats de toutes armes et une vingtaine de nos camarades qui, égarés après le combat, s'étaient réunis et étaient parvenus à passer en Belgique.

Au moment où ils franchissaient la frontière, un chef d'escadron des hussards de la reine qui les poursuivait arrivait au galop avec ses hommes. Il réclame avec arrogance ces francs-tireurs comme ses prisonniers. L'officier belge auquel ils étaient en train de rendre les armes s'approche de l'Allemand et lui fait remarquer que « ses prisonniers » sont sur le territoire belge, qu'ils ont déposé les armes et que, par conséquent, les Prussiens n'ont aucun droit sur eux. Le cavalier prussien s'arrête, tire sa carte, vérifie avec une grande précision et une suprême impertinence si réellement la frontière est franchie, et, la constatation faite, se dispose à partir. « Je m'estimerais heureux, monsieur, lui dit avec courtoisie l'officier belge, si je pouvais vous être utile en quelque chose. » Le Prussien salue sans mot dire, tourne bride, fait quelques pas et revient. « J'accepte, » dit-il, et il tire sa carte. « Veuillez envoyer une dépêche à ma femme pour lui dire que la bataille est gagnée, finie, et que je n'ai pas une égratignure. » Il s'appelait Van der Greuben. Faisant alors signe à ses hommes il rentre avec eux sur le territoire français. Il y avait à peine fait vingt pas qu'un coup de feu retentit. M. de Van der Greuben tomba. Un franctireur, resté en arrière et caché dans le bois, venait de *descendre* le bel officier d'une balle à la tête. La dépêche ne partit pas.

* *

Le gouvernement belge, après nous avoir laissé prendre quelques jours de repos, donna l'ordre de nous conduire au camp de Beverloo. Nous partîmes de Bouillon le matin, et après une longue marche par une pluie battante, nous arrivâmes à Saint-Hubert, village où nous devions prendre le chemin de fer. A 10 heures du soir on nous installe dans les wagons à bestiaux. Le sommeil m'était revenu. Je m'étends sur une banquette et je dors à poings fermés jusqu'à Namur où nous rencontrons un avocat français, un bon et excellent homme qui, toujours occupé de faire le bien, avait pensé qu'il en trouverait l'occasion du côté de Sedan. Il ne lui fut pas difficile en effet de rencontrer des misères à soulager ; il nous fait les offres les plus amicales d'argent et de bons offices. Nous le remercions bien cordialement et nous profitons d'un instant d'arrêt pour envoyer une dépêche à Paris.

Dans la matinée, nous arrivons à Beverloo. Beverloo est un petit village situé au nord-est de la Belgique, au milieu de landes immenses, couvertes de bruyères et de marécages ; de différents côtés se trouvent quelques bouquets de bois, chênes, bouleaux et sapins mélangés qui ont l'air chétif et rabougri. Le pays, plat, sablonneux, stérile, inspire un profond sentiment de tristesse ; il était à peu près désert avant qu'on eût eu l'idée d'y installer un camp. Les barraquements des soldats sont en brique et bois, spacieux, bien aérés et propres.

Au bout de huit longs jours, mon ami et moi nous obtînmes, en échange de notre parole d'honneur de ne pas quitter le territoire où nous étions réfugiés, l'autorisation de vivre dans une ville qui nous fut désignée, c'était Gand. A notre arrivée, nous fûmes littéralement enlevés, en descendant du chemin de fer, par un négociant, M. Jaussen, Français de cœur, qui avait servi dans la légion étrangère et fait la campagne de Crimée. Il nous ouvrit sa maison, nous admit dans sa famille ; sa franche et cordiale hospitalité est restée dans notre cœur comme l'un de nos meilleurs et de nos plus doux souvenirs. Son père, vieillard de quatre-vingts ans, vert et alerte comme un jeune homme, avait fait la campagne de Russie et les campagnes de France. Nos désastres le faisaient fondre en larmes.

Une amie de ma famille fixée à Liége voulut bien, avec une obligeance et une bonté parfaites, me fournir les fonds nécessaires pour subvenir à nos besoins, l'investissement de Paris ne nous permettant pas de correspondre avec nos parents. Nos souffrances étaient finies ; elles avaient été courtes, mais vives. A partir de ce moment nous suivions avec anxiété les phases de la guerre et chaque jour nous apprenions un nouveau malheur, un nouveau désastre. Nous pressentions déjà la guerre civile sans cependant que notre imagination pût même concevoir le règne odieux de la Commune qui vint mettre à nu notre effrayante décrépitude morale et porter à son comble la honte et l'abaissement de notre pauvre pays. Hélas ! au milieu de tant de tristesses et de maux, les misérables du dedans nous ont presque fait oublier, en les dépassant, les atrocités commises par les hordes allemandes, prussiennes plutôt, car il n'y a plus d'Allemands.

Non, Dieu qui venge dans les enfants les crimes des pères, ne peut laisser impunis des forfaits tels que ceux qu'ont accompli dans cette guerre néfaste les hommes qu'on a justement appelés : « les instituteurs des incendiaires et des assassins de la Commune. » Il choisira l'heure et l'instrument de sa justice. Mais un jour viendra où l'Empire d'Allemagne expiera et payera de larmes de sang des crimes comme ceux qui s'appellent Bazeilles, Châteaudun, Saint-Cloud, Strasbourg.

Paris, imprimerie Paul Dupont, rue J.-J.-Rousseau, 41. (2519.6.72)

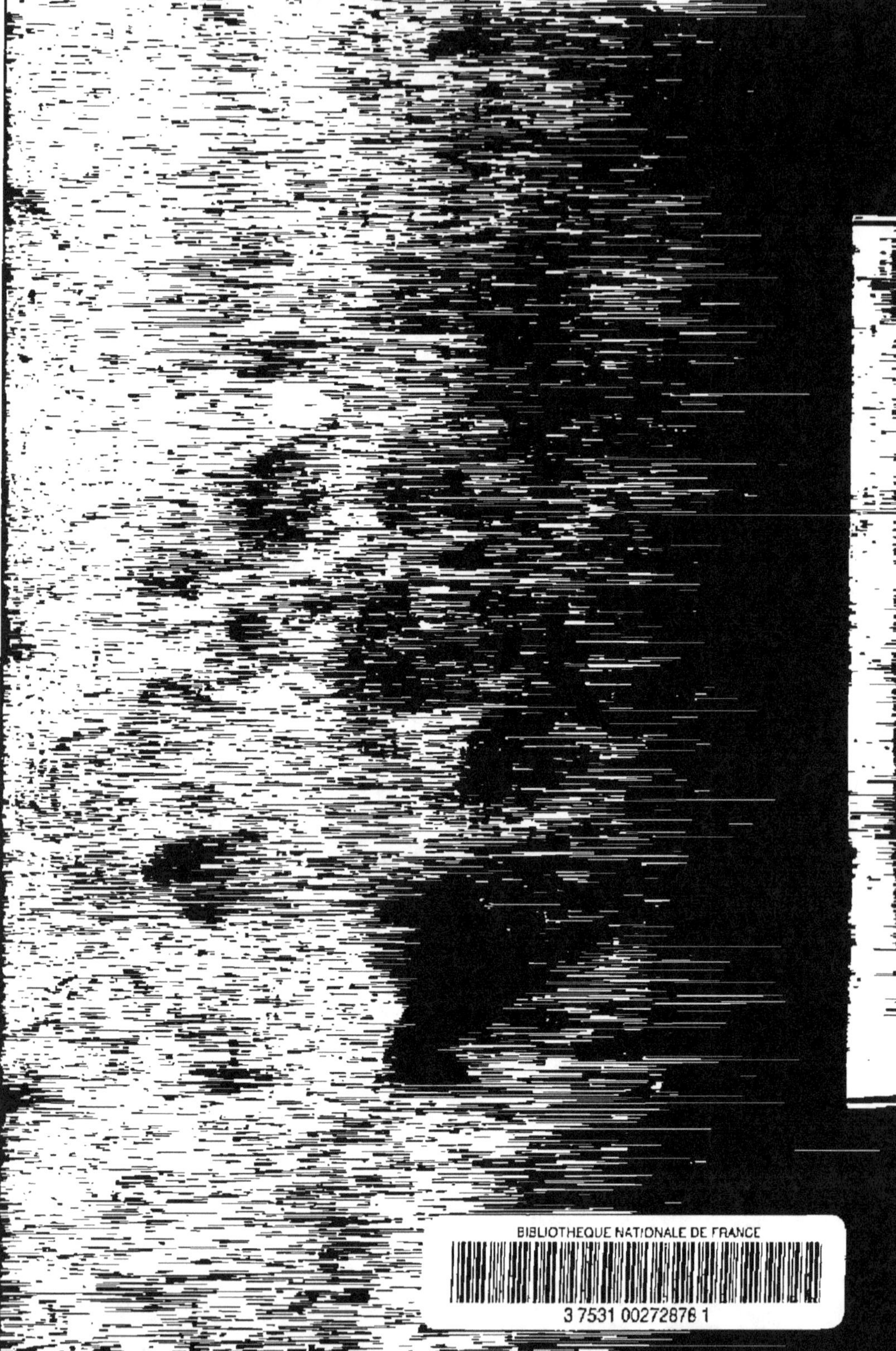
BIBLIOTHEQUE NATIONALE DE FRANCE
3 7531 00272878 1